HÄDECKE

BUCHWEIZEN
DIE GLUTENFREIE
ALTERNATIVE

Clémence Catz

Fotos & Layout: María Ángeles Torres

IMPRESSUM

Die französische Originalausgabe erschien 2015 unter dem Titel »Sarrasin – l'alternative sans gluten« bei Éditions La Plage, Paris

© für die französische Ausgabe: Éditions La Plage, 2015
© für die deutsche Ausgabe: Hädecke Verlag GmbH & Co. KG, Weil der Stadt 2017

www.hädecke.de, facebook.com/haedecke-verlag und www.mizzis-kuechenblock.de

Fotos und Layout: María Ángeles Torres
Fotos auf den Seiten 4–7, 8 links, 9, 10, 18 und 54: iStock
Gestaltung der Originalausgabe: David Cosson (dazibaocom.com)
Übersetzung aus dem Französischen: Andrea Fischer
Redaktion und Lektorat: Julia Genazino
Schlussredaktion: nvsg

Gestaltung/Satz der deutschen Ausgabe: Julia Graff, Hädecke Verlag, unter Verwendung der Basic Gothic (FontFont / Hannes von Döhren und Livius Dietzel) und Vista Slab (Emigre / Xavier Dupré)

Printed in Germany 2017
Produziert mit FSC®-Materialien aus kontrollierten und verantwortungsbewussten Quellen.

4 3 2 1 | 2019 2018 2017 2016
ISBN 978-3-7750-0761-0

Ein verlagsneues Buch bekommt man in Deutschland und Österreich überall zum selben Preis. Die kulturelle Vielfalt wird durch die gesetzliche Preisbindung geschützt. In Stadt und Land, im Internet und in jeder Buchhandlung gilt der gebundene Ladenpreis.

INHALT

Buchweizen – diesen Namen verdankt das kleine Korn seiner äußeren Ähnlichkeit mit den ebenfalls dreikantigen Bucheckern, den Früchten der Rotbuche. Dazu kommt die mit Weizen vergleichbare Verwendung als Getreide oder Mehl. Dabei haben wir es hier mit einem sogenannten »Pseudogetreide« zu tun, wozu beispielsweise auch Amarant und Quinoa zählen. Buchweizen gehört nicht wie die echten Getreide zu den Süßgräsern, sondern zu den Knöterichgewächsen (Polygonaceae). Entsprechend sind die Samen von *Fagopyrum esculentum* im botanischen Sinne gar keine Körner, sondern »Nüsschen«. Die Blütenpflanze stammt aus Asien und wurde z. B. in Deutschland ab dem 13. Jahrhundert intensiv als Grundnahrungs- und Futterpflanze genutzt. Im 18. Jahrhundert geriet der Buchweizen durch die Einführung der Kartoffel und die Intensivierung des Ackerbaus zunehmend in Vergessenheit. Das hat sich in den letzten 20 Jahren verändert: Buchweizen ist wieder im Kommen! Und das zu Recht – überzeugt er doch sowohl mit seinen gesundheitlichen Pluspunkten als auch mit vielseitigen kulinarischen Möglichkeiten: ob angeröstet, gekocht, gebraten, rohköstlich gekeimt oder gepufft, als Brot, Dessert, Hauptgericht, Getränk oder süßes Gebäck.

Die geschälten Körner sind cremefarben und haben ein feines Aroma, das eine nus-

sige Note annimmt, wenn man sie röstet. Buchweizen passt somit gut für Herbst- und Wintergerichte. Außerdem eignen sich seine Körner mit ihren Schleimstoffen und der leicht mehligen Konsistenz besonders für Cremespeisen oder Brei – in dieser Form wird Buchweizen auch schon seit Urzeiten verspeist, besonders in Russland und Polen ist die »Kascha« (Buchweizengrütze) bis heute ein beliebtes Essen. Man isst sie als süße Variante, beispielsweise zum Frühstück mit Obst, oder als herzhafte Beilage und Hauptmahlzeit, z. B. mit Gemüse, Pilzen und Eiern. Wohl ebenfalls aus dem mittelalterlichen Russland stammen »Blini«, eine Art Pfannkuchen, im Original aus Buchweizenmehl und Wasser. Ähnlich wie die berühmte Buchweizengrütze haben sie international Verwendung gefunden: als französische »Galettes«, niederländische »Poffertjes«, amerikanische »Buckwheat Pancakes« oder ostfriesische »Bookweiten-Janhinnerk«. In Japan verspeist man die Körner vor allem als Teigwaren (»Soba-Nudeln«), ebenso in Norditalien (»Pizzoccheri«), wo sie wie in der Bündner

Küche zudem auch als »schwarze Polenta« (polenta nera) beliebt sind. In Bayern, Österreich, Kroatien und Slowenien schätzt man noch immer den »Sterz«, eine einfache Mehlspeise. Buchweizen bildet in China und Indien sogar die Grundlage einer traditionellen Biersorte, des »Chang«. Auch bei uns gibt es schon glutenfreies Bier auf der Basis von Buchweizenmalz und Buchweizenhonig.

Die Hauptanbaugebiete von Buchweizen sind China, Russland, die Ukraine, Kasachstan, Frankreich, Polen, USA, Brasilien und Japan. In Deutschland wird das Pseudogetreide in kleineren Mengen kultiviert, beispielsweise in der Lüneburger Heide, am Niederrhein (Buchweizen wurde Quellen zufolge dort bereits im 13. Jahrhundert angebaut), in Schleswig-Holstein, Westfalen, Eifel und Hunsrück, Oberfranken und Brandenburg – auch mit Biosiegel. In den österreichischen Alpentälern wurde die Pflanze schon im 15. Jahrhundert genutzt, aber auch in den Regionen Kärnten, Marchfeld und Steiermark findet der Anbau der dort »Schwarzplenten« genannten Körner statt. Die Bezeichnungen »Hadn« und »Heiden« sind ebenfalls geläufig und der »Jauntaler Hadn« ist eine eingetragene regionale Spezialität aus Kärnten. In der Schweiz wurde Buchweizen bis vor Kurzem noch im Puschlav und Tessin angebaut. In Italien findet man ihn in Südtirol, wo der »Schwarzplent« ebenfalls eine lange Tradition hat (erste Quellen datieren um 1400 n. Chr.), wie die überlieferten Rezepte »Schwarzplenten-Torte« oder Buchweizen-Knödel zeigen.

Da Buchweizen gerade auf kargen und sandigen Böden gut gedeiht, galt er hierzulande lange Zeit als »Arme-Leute-Getreide«. Die robuste Bienenweidepflanze ist zwar frostempfindlich, aber sehr resistent gegen Krankheiten und Schädlinge, wodurch kein Einsatz von Düngemitteln, Herbiziden oder Insektiziden erforderlich ist. Damit ist der Buchweizen für den ökologischen Landbau ideal geeignet. Die Pflanze wird zudem als Gründünger zur Bodenverbesserung eingesetzt.

Buchweizen – das gesunde Pseudogetreide

Buchweizen enthält *kein Gluten*. Das macht ihn zum Verbündeten von allen, die unter einer Glutenunverträglichkeit oder -sensitivität leiden, und all derer, die ihren Glutenkonsum einschränken möchten. Buchweizen ist zudem energiereich und sehr gut verdaulich. Mit ca. 10 % enthält er ähnlich viel Eiweiß wie Weizen oder Quinoa. Allerdings besitzt Buchweizen einen besonders hohen Lysingehalt sowie alle weiteren acht essenziellen Aminosäuren, die unser Körper nicht selbst bildet, sondern über die Nahrung aufnehmen muss. Damit übertrifft die *biologische Wertigkeit seines Proteins* alle Getreidesorten und kommt dabei sogar dem Hühnerei nahe. Aus diesen Gründen ist Buchweizen ein rundum vollwertiges Nahrungsmittel – insbesondere im Rahmen einer vegetarischen oder

veganen Ernährung. Die Körnchen sind zudem reich an den *Vitaminen* B_1, B_2 und E sowie an *Mineralstoffen* wie Eisen, Magnesium, Kalzium, Kalium, Phosphor und Mangan.[1] Ihre *komplexen Kohlenhydrate* (langsam abbauende Stärke, Ballaststoffe) sind förderlich für die Balance des Cholesterin- und Glukosespiegels, sorgen für eine lang anhaltende Sättigung und halten den Darm gesund. Antioxidanzien schützen Zellen und Blutgefäße: Besonders in dem für Arzneimittel verwendeten Kraut der Pflanze steckt Rutin, das entzündungshemmend wirkt und positive Effekte auf Durchblu-

tung und Gefäße hat. Im Jahr 1999 wurde Buchweizen zur Arzneipflanze des Jahres gekürt. Er wird in Tee- oder Tablettenform sowohl vorbeugend als auch unterstützend bei Gefäß- bzw. Venenerkrankungen sowie bei Diabetes und Arteriosklerose eingesetzt. Auch der regelmäßige Verzehr der Körner führt laut einer kanadischen Studie zu einer *Senkung des Blutzuckerspiegels* um bis zu 19 %. In Spanien wurden 2003 die Ergebnisse einer Untersuchung zur Rolle des Buchweizens als *Präbiotikum* veröffentlicht. Darunter versteht man nicht verdauliche Nahrungsbestandteile, die das Wachstum gesunder Darmbakterien fördern. Die Forscher fanden heraus, dass die Buchweizen-Diät-Gruppe nicht nur eine erwünschte Gewichtsabnahme zeigte, sondern auch die Besiedelung mit schlechten Darmbakterien (sog. pathogene Darmkeime) zurückging und die hilfreichen Bakterienstämme zunahmen. Die chinesische Medizin verwendet Buchweizen als traditionelles Heilmittel u. a. für Detox-Getreidebreie sowie bei Verdauuungsproblemen und bezeichnet seine thermische Wirkung als »neutral«. Buchweizen wird als schwach basisches Lebensmitteln bzw. als guter Säurebildner eingestuft. Damit ist er für eine basische Ernährung geeignet, insbesondere in eingeweichter Form. Gekeimt wirkt Buchweizen wie andere Sprossen eindeutig basisch.

Buchweizen gibt es meist geschält zu kaufen. Er ist daran zu erkennen, dass die Körnchen eine hellere Farbe haben, auch wenn auf der Packung »ganzes Korn« steht. Ungeschälter Buchweizen hat eine

1 Die Nährwertinformationen stammen von www.sfk-online.net.

braune bzw. dunkle Farbe und muss vor und nach dem Kochen heiß abgespült werden, um den rot färbenden Inhaltstoff Fagopyrin auszuwaschen. Der rötliche Schaum, der sich beim Kochen bildet, wird abgeschöpft. Fagopyrin kann bei empfindlichen Personen Magen-Darm-Beschwerden hervorrufen und in Verbindung mit Sonnenlicht zu Hautirritationen führen (»Buchweizenkrankheit«). Gerade für Kleinkinder sind ungeschälte Körner ungeeignet. Wenn Sie jedoch, wie in allen Rezepten in diesem Buch, geschälten Buchweizen verwenden, sind keinerlei Risiken zu befürchten!

BUCHWEIZEN IN DER KÜCHE

Buchweizen wird im Handel in unterschiedlichen Formen angeboten:

Das **geschälte Buchweizenkorn** ist die Basis: Neben der vielseitigen Verwendung der ganzen Körner können Sie daraus frisches Mehl, Keimsprossen, gepufften Buchweizen und Flocken herstellen. Auch in vielen Reformhäusern und Naturkostläden werden diese Produkte angeboten. Buchweizenkörner lassen sich wie Reis als Beilage nutzen und passen gut in Gemüsegerichte, Aufläufe, Suppen, Bratlinge und Salate. Sie sind schnell gegart, wobei man darauf achten sollte, dass sie zu Brei verkochen (Anleitung auf Seite 14). Zuerst angeröstet und dann »al dente« gekocht, schmecken

die Körner besonders aromatisch. Ich röste meine geschälten Buchweizenkörner immer portionsweise frisch an, statt das fertig geröstete Produkt zu kaufen. Das erfordert nur ein bis zwei Minuten mehr Zeit, aber das feine, nussige Aroma ist auf diese Weise viel ausgeprägter (Anleitung auf Seite 15).

Nicht beim Rösten, aber beim Kochen in Verbindung mit Flüssigkeit neigen Buchweizenkörner zur Schleimbildung; deswegen spült man sie vorher mit Wasser ab. Zudem wird so ihre leicht bittere Note gemildert. Je nach Geschmack und Weiterverwendung werden die Körner auch nach dem Kochen nochmals mit Wasser abgespült, wobei der Schleim bzw. die Cremigkeit ganz nach Vorliebe und Verwendung – beispielsweise bei der Buchweizengrütze – auch erwünscht sein kann. Püriert bilden Buchweizenkörner, ähnlich wie -mehl oder -flocken, die Grundlage für Gerichte wie Pfannkuchen (Galettes) oder Bratlinge.

Buchweizen wird durch Oxidation relativ schnell ranzig. Daher bewahrt man ihn am besten lichtgeschützt und an einem kühlen

Ort auf. Es ist sinnvoll immer nur so viel zu kaufen, wie in absehbarer Zeit verbraucht werden kann.

Auch **Buchweizenmehl** gewinnt an Geschmack, wenn Sie es portionsweise frisch herstellen (Anleitung auf Seite 15). Es enthält dann deutlich mehr Nährstoffe, die sich aber in Verbindung mit Sauerstoff rasch zersetzen. Denn schon nach dem Mahlen beginnen die natürlichen Öle im Korn während der ersten Tagen zu oxidieren. Darüber hinaus reduzieren sich die Vitamine des B-Komplexes – gute Gründe, um sein eigenes »vitales« Mehl möglichst frisch zu mahlen. Wer keine entsprechen-

de Mühle besitzt (siehe Seite 15), kann in vielen Reformhäusern und Naturkostläden den Service nutzen, Buchweizen (und andere Körner) frisch mahlen zu lassen. Wer sich glutenfrei ernährt, muss dabei darauf hinweisen, dass eine Mühle benutzt wird, in der kein glutenhaltiges Getreide vermahlen wurde.

Buchweizenmehl wird besonders gern für allerlei Backwaren und Pfannkuchen verwendet. Da es kein Klebereiweiß (Gluten)

enthält und herkömmliche Teige nicht ausreichend bindet, wird es für Gebäck meist mit glutenhaltigem Getreide (Dinkel, Roggen etc.) vermischt – es geht aber auch ganz glutenfrei, wie die Rezepte in diesem Buch zeigen. Im Handel erhältlich sind außerdem noch **Buchweizenflocken, -grieß** und die etwas gröbere **-grütze.** Dazu wird der geschälte Buchweizen geschrotet. Man bereitet daraus vor allem Müsli, Süßspeisen, Frühstücksbrei, Backwaren, Klöße sowie herzhafte Beilagen, Bratlinge und Aufläufe zu.

Buchweizenkeimlinge sind die Stars der Rohkostküche: Sie haben einen noch größeren Nährwert als die Körner, lassen sich ganz leicht selbst herstellen (Anleitung auf Seite 16) und haben einen feinen Geschmack. Durch den Keimprozess steigt die Konzentration an Vitaminen und Mineralstoffen deutlich an, und im Samenkorn entfalten sich jede Menge Enzyme. So werden die Körner leichter verdaulich, da sie »vorverdaut« sind: Die Proteine werden beim Keimen in Aminosäuren umgewandelt, die unser Körper noch besser aufnehmen kann.

Buchweizenkeimlinge bereichern zahlreiche Gerichte, beispielsweise Salate, Gemüseplatten, Getreidegerichte, oder man nutzt sie einfach als Topping für belegte Brote. Sie lassen sich auch mit wenig Wasser oder Öl mixen und so im Dörrapparat oder im Backofen trocknen. Daraus mache ich beispielsweise Cracker oder eine Art »Essenerbrot« im Miniaturformat (Rezepte auf Seite 42 und 30).

In gepuffter, also gekeimter und gedörrter Form (Anleitung auf Seite 16 f.) kann Buchweizen wunderbar in Müsli, Obstsalat, Joghurt und in der gesamten Rohkostküche verwendet werden. Getrocknet sind die Keimlinge etwa drei Monate haltbar.

Weil sein Aroma so vielseitig genutzt werden kann, offenbart Buchweizen noch zahlreiche Möglichkeiten der Zubereitung. Angeröstet harmoniert er besonders gut mit den Aromen von Herbst und Winter. Als gekochte, salzige Variante passt er in Form von Mehl oder Flocken hervorragend zu Zucchini, Pastinaken, Esskastanien, Feldsalat und Lauch sowie zu Walnüssen, Haselnüssen und Räuchertofu. Als Dessert ist das nussige Aroma des Buchweizens ein Traumpartner von Schokolade: Geben Sie ihn als frisch gemahlenes Mehl in Ihre (Schokoladen-)Kuchen oder rösten Sie ein bis zwei Esslöffel Körner leicht an und fügen diese zum Teig, um ihn mit Aroma und »Biss« zu bereichern. Buchweizen lässt sich auch sehr gut mit Vollrohrzucker, Honig, Ahornsirup, Äpfeln und Birnen, Kaffee, Feigen und Orangen (Schale oder Saft) kombinieren. Im Sommer verlockt Buchweizen dazu, mit neuen Variationen kreativ zu werden: als Salat mit Tomaten, Oliven und gebratenen Auberginen, als Smoothie mit Pfirsichen oder Aprikosen – und sogar als Eiscreme (Rezept auf Seite 40).

DER ROHKOST-STAR

Dank seiner Schleimstoffe und der damit verbundenen Eigenschaften ist Buchweizen ein neuer Favorit in der Rohkostküche. Wird der rohe Buchweizen, im ganzen Korn oder geflockt, einige Stunden oder über Nacht mit Flüssigkeit vermischt, absor-

biert er diese und bildet eine Art Gelee. Das wirkt gut als Bindemittel: Sobald die Zutaten vermischt sind, verbinden sie sich miteinander und sind ohne Kochen und ohne Ei verzehrbereit. Entsprechend beliebt ist der berühmte Buchweizen-Porridge (Rezept auf Seite 36) auch für die Rohkost-Küche, da er im Gegensatz zu anderen Porridges nicht gekocht werden muss. Die Nährstoffe können durch das Einweichen besser von unserem Körper aufgenommen werden. Der hohe Schleimstoffgehalt sorgt für eine gute Bekömmlichkeit und leichte Verdauung.

Auch getrocknete Buchweizenkeimlinge, besonders zu Mehl vermahlen, können Sie für viele Rohkost-Rezepte verwenden. Dazu genügt es, die Keimlinge zu mahlen, indem man sie beispielsweise mit Trockenfrüchten in Rohkostqualität im Mixer zerkleinert. So lassen sie sich wunderbar in Müsliriegel, Rohkost-Cracker oder in einen Kuchenteig einarbeiten. Ein Hochleistungsmixer verbindet die rohen Zutaten perfekt miteinander, sodass man Speisen mit einer glatten, gleichmäßigen Konsistenz erhält. Mit einem klassischen Mixer ist die Zubereitung der Rohkost-Rezepte etwas langwieriger, aber das Ergebnis ist meist ebenso zufriedenstellend. Dazu sollte man allerdings die Masse beim Mixen immer wieder von den Innenwänden des Behälters nach unten zu den Messern streichen. Um eine Überhitzung des Geräts zu vermeiden, ist es empfehlenswert, währenddessen immer wieder kurze Pausen einzulegen.

Sie finden in diesem Buch rund 40 Rezepte auf der Grundlage von Buchweizenkörnern, -mehl, -flocken oder -keimlingen, mit denen Sie sich auf eine spannende Entdeckungsreise machen können – auf den Spuren dieses genialen kleinen Korns, dessen Qualitäten noch viel zu unbekannt sind. Zur Umsetzung der Rezepte brauchen Sie nur eine (möglichst gusseiserne) Pfanne zum Anrösten und – falls Sie den Buchweizen selbst mahlen möchten – einen guten Mixer, eine geeignete Getreidemühle oder eine günstige kleine elektrische Kaffeemühle (siehe Seite 15). Um Buchweizenflocken selbst herzustellen, wird eine Flockenquetsche benötigt. Keimgerät und Dörrapparat sind nützlich, aber nicht unbedingt erforderlich: Sie können stattdessen auch ein feinmaschiges Gitter und einen Backofen verwenden (siehe Seite 17). Wenn Sie jedoch Rohkost lieben und den Buchweizen in Ihren Alltag integrieren, dann lohnen sich diese Investitionen. Haben Sie sich mit Buchweizen erst einmal vertraut gemacht, ist die Wahrscheinlichkeit hoch, dass er einen festen Platz in Ihrem Vorratsschrank einnehmen wird und – wie »echtes« Getreide auch – aus Ihrem Küchenalltag gar nicht mehr wegzudenken ist.

Bei den Löffelangaben handelt es sich immer um das gestrichene Tee- bzw. Esslöffelmaß, falls nicht anders angegeben.

g → Gramm

ml → Milliliter

TL → Teelöffel

EL → Esslöffel

Pck → Päckchen

geh. → gehäuft

°C → Grad Celsius

Ø → Durchmesser

Die Backtemperaturen sind für einen Elektro-Backofen mit Ober-/Unterhitze angegeben. Bei Umluft sind die Temperaturen entsprechend anzupassen. Für Gasbacköfen sind die Angaben der Gerätehersteller zu beachten.

Zitrusfrüchte, deren abgeriebene Schale verwendet wird, sind grundsätzlich ungewachst und aus biologischem Anbau. Die Früchte vor dem Reiben gründlich waschen, gewachste vorher vollständig mit heißem Seifenwasser abbürsten.

Mit Kakaopulver ist reines Kakaopulver gemeint, das es entweder stark (lässt sich besser in Flüssigkeiten auflösen) oder schwach entölt (schmeckt meist schokoladiger) gibt. Darunter ist nicht Instantpulver für Trinkschokolade, das meist gesüßt ist, zu verstehen. Für Rohkostrezepte gibt es Kakaopulver auch in Rohkostqualität.

Beim Einsatz ätherischer Öle in der Küche ist zu beachten: Nicht mitkochen, sehr sparsam einsetzen und extrem vorsichtig dosieren – schon ein Tropfen kann zu viel sein! Achten Sie beim Einkauf darauf, dass das Öl zu 100 % naturrein ist, aus biologischem Anbau kommt und ausdrücklich zum Verzehr geeignet ist. Naturreines ätherisches Bio-Süßorangenöl wird z. B. durch Kaltpressung aus der Schale von Süßorangen gewonnen. Synthetisch hergestelltes Aroma- oder Duftöl ist nicht essbar. Für Kleinkinder ist die »Aroma-Küche« nicht geeignet, Allergiker sollten sie mit Vorsicht genießen. »Natürliche« bzw. »naturidentische« Backaromen aus dem Supermarkt sind damit nicht gemeint; diese werden aus den verschiedensten Stoffen isoliert (Hefe, Schimmelpilze, Bakterien etc.).

Wer bei einer vegetarischen Ernährung Wert darauf legt, dass auch Käse nach vegetarischen Gesichtspunkten hergestellt ist, der greift zu Käse aus mikrobiellem Lab. Lab wird bei der Käseherstellung benötigt, damit die Milch dickgelegt wird. Häufig kommt dabei Lab aus Kälbermägen zum Einsatz, die bei der Schlachtung anfallen. Welche Art Lab bei der Käsegewinnung verwendet wurde, muss aber nicht deklariert werden. Es gibt auch pflanzliches Lab, aber diese Käse sind geschmacklich meist beeinträchtigt. Eine echte Alternative sind daher Käsesorten, die mit mikrobiellem Lab produziert werden – einige Hersteller vermerken dies auch bereits auf den Verpackungen.

GRUND-REZEPTE

BUCHWEIZEN KOCHEN

Ein praktischer Vorteil von Buchweizen ist seine kurze Kochzeit. Dabei kann es allerdings passieren, dass die Körner ungewollt zu Brei zerfallen, besonders in gerösteter Form oder als Flocken. Die wichtigsten Tipps für Buchweizengerichte mit Biss sind: Die Körner in sprudelnd kochendes Wasser streuen, beim (Auf-)kochen nicht umrühren und nicht zu lange kochen lassen.

GESCHÄLTE KÖRNER KOCHEN

Klassische Zubereitung: Die gewünschte Menge Buchweizen (ca. 60 g pro Portion) in einem Sieb mit warmem Wasser abspülen und in kochendes Salzwasser geben (250 ml pro 100 g Buchweizen). Bei geschlossenem Deckel bei geringer Hitzezufuhr ca. 15 Minuten ohne Umrühren sanft köcheln. Vom Herd ziehen und bei aufgelegtem Deckel fünf Minuten nachquellen lassen. Je nach Weiterverwendung nochmals mit Wasser abspülen, um den beim Kochen entstandenen Schleim zu entfernen – der aber als bindende Cremigkeit auch erwünscht sein kann.

»Pilaw«-Variante: Pilaw ist ein orientalisches Reisgericht von besonders lockerer Konsistenz. Dazu die Buchweizenkörner in einer Pfanne ohne Fettzugabe kurz anrösten (siehe rechte Seite) und in die doppelte Menge kochendes Wasser geben. Bei aufgelegtem Deckel bei geringer Hitzezufuhr ca. 15 Minuten sanft köcheln, bis die Flüssigkeit ganz aufgesogen ist.

Angerösteten Buchweizen kochen (Kascha): Auch für die beliebte Buchweizengrütze (Kascha) röstet man die Körner vor dem Kochen meist an (siehe rechte Seite), um die nussigen Röstaromen hervorzulocken. In dieser Form kochen die Körner sehr schnell, zerfallen aber auch leichter. Verwenden Sie nur die anderthalbfache Menge Wasser auf einen Teil angeröstete Körner. Diese in das kochende Salzwasser geben und bei geschlossenem Deckel drei Minuten bei geringer Hitzezufuhr sanft köcheln. Vom Herd ziehen und quellen lassen, bis die Flüssigkeit ganz aufgesogen ist (dauert fünf bis zehn Minuten). Nach Wunsch mit Wasser abspülen (siehe links: »Klassische Zubereitung«).

BUCHWEIZENFLOCKEN KOCHEN

500 ml Flüssigkeit (Wasser, Milch) pro 100 g Flocken in einem Topf zum Kochen bringen. Die Flocken bei schwacher Hitze zehn Minuten unter ständigem Rühren köcheln, bis eine gleichmäßige Creme entsteht.

Hinweis: Gekochte Buchweizenkörnern oder -flocken trocknen schnell ein und werden hart. Bereiten Sie diese am besten immer frisch zu.

Durch Anrösten kommt das köstlich nussige Aroma des Buchweizens erst richtig zum Tragen. Sie können gerösteten Buchweizen auch als Fertigprodukt im Laden kaufen – aber es ist denkbar einfach und schmeckt viel besser, ihn selbst zuzubereiten! Man braucht dazu nur eine kleine Pfanne und ein paar Minuten Zeit.

Dafür die gewünschte Menge Buchweizenkörner in einer kleinen Pfanne ohne Fettzugabe verteilen. Geeignet ist eine Pfanne aus Gusseisen oder Eisen; eine Anti-Haftbeschichtung ist nicht nötig, da Buchweizen nicht anhaftet. Bei mittlerer Stufe kurz erhitzen und dabei immer wieder umrühren, bis der Buchweizen zu duften beginnt. Achtung: Die Körner sollten sich nur leicht goldgelb verfärben und keinesfalls schwarz werden! Den duftenden Buchweizen sofort aus der Pfanne nehmen, damit er nicht nachbräunt, und nach Belieben weiterverarbeiten: Pur in Wasser gekocht, zu einem aromatischen Mehl vermahlen oder als knuspriges Krokant in einem Kuchenteig. Ich röste Buchweizen immer an, wenn ich ein intensiveres Aroma wünsche; so lässt er sich allerdings nicht mehr ankeimen.

Buchweizenmehl schmeckt frisch gemahlen deutlich aromatischer als fertig gekauftes, das schon längere Zeit im Verkaufsregal stand; zudem ist es gesünder (siehe Seite 8). Besonders schmackhaft wird das Mehl, wenn Sie die Körner vor dem Mahlen anrösten (siehe linke Spalte). Um Buchweizen selbst zu mahlen, eignet sich neben einer Getreidemühle auch ein Mixer mit einem Mahlwerk für Trockenzutaten aller Art, das auch zur Herstellung von Pulver und frischem Mehl verwendet werden kann. Oder Sie wählen, als günstige Alternative für kleinere Mengen, eine kleine elektrische Kaffeemühle, mit der Sie auch Mandeln und Nüsse mahlen oder Ihr eigenes Gomasio (Sesamsalz) herstellen können – ich benutze meine Mühle jeden Tag! Je feiner der Mahlgrad (und je besser die Mühle), desto feinkörniger und zufriedenstellender ist das Ergebnis.

Zu beachten ist, dass frisch gemahlenes Buchweizenmehl sich aufgrund seiner Schleimstoffe extrem gut mit Flüssigkeiten aller Art verbindet. Auch diese Eigenschaft spricht dafür, die Körner selbst zu mahlen. Je nach Rezept kann man – nicht nur bei fertig gekauftem Buchweizenmehl – bis zu ca. 30 % durch Stärke ersetzen, um den Teig besser zu binden (z. B. bei Crêpes). Auch aus getrockneten Buchweizenkeimlingen können Sie Mehl herstellen. Dazu mahlt man die gepufften Buchweizenkörner (siehe rechte Spalte) und achtet darauf, dass sie dabei nicht zu stark erhitzt werden. Bei Bedarf empfiehlt es sich, in mehreren Etappen zu mahlen. Auf diese Weise erzielt man ein köstliches nützliches Mehl für Rohkost-Gebäck.

BUCHWEIZEN KEIMEN LASSEN

Buchweizen lässt sich sehr leicht zum Keimen bringen. Durch diesen Prozess steigt der Gehalt an gesunden Inhaltsstoffen (siehe Seite 8), der Geschmack wird milder und frischer. Dazu die gewünschte Menge an geschältem, ungerösteten Buchweizen[2] in einem Sieb gründlich mit Wasser abspülen und in einem großen Gefäß mit reichlich frischem Wasser vier Stunden einweichen. Die Körner erneut gründlich abspülen und in einem Keimgerät oder auf einem feinen Gitter verteilen. Auch ein Einmachglas, dessen Öffnung man durch ein Gummiband mit einem Stück Gaze oder Mull verschließt, eignet sich. Mindestens 24 Stunden an einem hellen Ort, aber vor Hitze und direktem Sonnenlicht geschützt, keimen lassen und zwei- bis dreimal täglich (je nach Raumtemperatur) durchspü-

---

2   Hinweis der Redaktion: Bio-zertifizierte Buchweizensaat zum Keimen von Sprossen gibt es z. B. im Naturkosthandel, in Reformhäusern oder bei Biosaatgutanbietern, bei denen es oft unter Gründünger oder Bienenpflanze zu finden ist.

len. Je wärmer es ist, desto öfter wässert man die Körner, um eine Schimmelbildung zu vermeiden. Frisch gequollener Buchweizen sondert Schleim ab, was jedoch mit jedem Spülgang weniger wird.

Die Buchweizenkörner sind verzehrfertig, sobald sich der weiße Keim zeigt. Sie schmecken jedoch nach 48 Stunden besser, weil sie dann zarter und weniger mehlig sind. Umgekehrt empfiehlt es sich, die Keimung zu stoppen, sobald sich der Keimling nach drei bis vier Tagen grün verfärbt. Die fertigen Keimlinge nochmals gut durchspülen und in einer luftdichten Dose maximal drei Tage im Kühlschrank aufbewahren.

GEPUFFTER BUCHWEIZEN

Gepuffter Buchweizen hat nichts mit Popcorn zu tun! Dabei handelt es sich um die angekeimten und anschließend bei niedrigen Temperaturen getrockneten Körner. Diese blähen sich nicht auf, sondern werden sehr knusprig – und sind äußerst nährstoffreich. Wer Rohkost und »Green Food« schätzt, kommt hier voll auf seine Kosten. In manchen Naturkostläden und im Internet ist gepuffter Buchweizen auch als Fertigprodukt erhältlich.

Zur Herstellung die gewünschte Menge Buchweizen waschen und etwa vier Stunden in einem großen Gefäß mit reichlich frischem Wasser einweichen. Dann erneut gut durchspülen und etwa zwölf Stunden keimen lassen (siehe linke Seite). Währenddessen ein- bis zweimal wässern. Zuletzt nochmals durchspülen, gut abtropfen und in einem Dörrapparat bei 40 °C etwa acht Stunden dörren, bis die Körner ganz trocken und knusprig sind. Im Sommer ist das Trocknen auch im Freien möglich und unter Umständen auch im Backofen (siehe rechte Spalte). Die angekeimten und getrockneten Körner sind in einem luftdichten Gefäß bei Raumtemperatur bis zu drei Monate haltbar. Streuen Sie den gepufften Buchweizen über Salate oder Gemüsepfannen, geben Sie ihn in Joghurt und Knuspermüsli oder verwenden Sie ihn für die Rohkostküche, beispielsweise in Rohkost-Törtchen (siehe Seite 32) oder -Crackern (siehe Seite 42).

 **TIPPS** Wenn Sie wenig Zeit haben, beschränken Sie sich auf das Einweichen und überspringen Sie die Keimung. Das Geschmackserlebnis bleibt dasselbe, die Körner besitzen jedoch weniger Nährstoffe. So gut wie keine Zeit? Rösten Sie einfach die rohen Körner oder verwenden Sie bereits fertig gerösteten Buchweizen. Damit verzichten Sie zwar auf die ernährungsphysiologischen Vorteile, aber Sie haben eine schön knusprige Zutat, beispielsweise für Gebäck oder Salat.

BUCHWEIZEN-ROHKOST

aus Dörrapparat und Backofen

Ist kein Dörrapparat vorhanden, können Sie den Buchweizen für entsprechende Rohkost-Gerichte auch im Backofen bei 40 °C (Umluft) trocknen. Die Ofentür dabei gelegentlich öffnen, damit der Wasserdampf entweichen kann. Im Backofen verkürzt sich die Trockenzeit; hier sollte man des Öfteren nachkontrollieren. Ab 42 °C werden zahlreiche Vitamine, Mineralstoffe und Enzyme, die sich während des Keimprozesses entfalten, zerstört, der gesamte Nährwert wird geschwächt. Hat Ihr Backofen eine Mindesttemperatur von 50 °C, lassen Sie die Backofentüre leicht geöffnet, indem Sie beispielsweise einen Holzkochlöffel dazwischenklemmen. Dabei ist allerdings nicht gewährleistet, dass die Temperaturgrenze für Rohkost (maximal 42 °C) eingehalten wird. Wenden Sie die Körner gelegentlich, damit der Trocknungsprozess gleichmäßig abläuft.

BUCHWEIZEN-
ROHMILCH

für ca. 500 ml Milch

Rohe Buchweizenmilch ist etwas Feines: Sie hat ein mildes Aroma und ist reich an gut verfügbaren Nährstoffen, weil der Buchweizen vorher eingeweicht wird. Und sie lässt sich ausgesprochen einfach herstellen.

100 g geschälter Buchweizen
1 Prise Stein- oder Meersalz
500 ml Wasser

1. Buchweizen in einem Sieb mit warmem Wasser abspülen und über Nacht in reichlich Wasser einweichen. Nochmals gründlich abspülen, mit Salz und Wasser fein mixen. Durch Gaze, ein sehr feines Sieb oder ein dünnes Tuch abfiltern.

2. Je nach Geschmack und Verwendungszweck ist es auch möglich, eine kräftigere und gehaltvollere Buchweizenmilch herzustellen: Dazu maximal 150 g Buchweizen auf 500 ml Wasser verwenden.

3. Buchweizenmilch ist sehr mild; je nach Vorliebe kann man sie während des Mixens durch Zugabe von 1–2 TL Agavensirup oder Honig süßen.

Wie alle anderen pflanzlichen Milcharten kann Buchweizenmilch in Rezepten Kuhmilch oder pflanzliche Milch ersetzen. Sie passt sehr gut zu Nahrungsmitteln mit einer herbstlichen Note (z. B. Haselnuss, Esskastanie, Kürbis) und eignet sich auch für heiße Schokolade.

BLUMENBROT

Für 10 Cracker

Das »Blumenbrot« ist eine Art glutenfreies Knäckebrot, das zu 100 % aus Buchweizen besteht und auch im Biohandel zu finden ist. Probieren Sie doch mal diese selbst gemachte, rohköstliche Superfood-Variante auf Basis von getrockneten Buchweizenkeimlingen.

100 g geschälter Buchweizen
1 TL heller Rohrohrzucker
2 Prisen Stein- oder Meersalz

1. Buchweizen in einem Sieb mit Wasser abspülen und etwa vier Stunden in einem großen Gefäß mit reichlich frischem Wasser einweichen.

2. Erneut gut durchspülen und ca. 24 Stunden keimen lassen (siehe Seite 16). Währenddessen zwei- bis dreimal spülen, bis sich die Keime zeigen, zuletzt nochmals sorgfältig durchspülen.

3. Mit Zucker und Salz mixen, bis je nach Geschmack eine mehr oder weniger glatte Masse entsteht. Den Teig zwischen zwei Stücke Backpapier legen und mit einem Wellholz dünn ausrollen. Das obere Stück Backpapier vorsichtig abziehen. Mit einem scharfen Messer Rechtecke in den Teig ritzen (nur oberflächlich, ohne den Teig ganz durchzuschneiden).

4. In einem Dörrapparat etwa sechs Stunden bei 40 °C trocknen lassen (Zubereitung im Backofen auf Seite 17). Wenden und eine weitere Stunde nachtrocknen lassen. Die Cracker müssen ganz trocken sein und sich leicht abbrechen lassen. In einer Blechdose halten sie sich zwei Monate.

TIPPS Würzen Sie Ihr Blumenbrot nach Geschmack mit Schabzigerklee, Koriander oder Ingwer. Auch Algenflocken, zum Verzehr geeignete ätherische Öle (siehe Seite 11), Kakaopulver in Rohkostqualität oder Superfoods wie Hanfsamen, Carob, Maca oder Spirulina passen gut dazu.

TARTETEIG

Für 1 Tarteform,
⌀ 23 cm (4–6 Portionen)

Das Geheimnis eines gelungenen glutenfreien Tarteteigs? Pürierte Buchweizenflocken für den »Biss«,
Kichererbsenmehl als geschmeidiges Bindemittel und Stärke für einen luftig-leichten Teig.

120 g Buchweizenflocken
½ TL Stein- oder Meersalz
50 g Kichererbsenmehl
50 g Pfeilwurzelmehl
4 EL natives Olivenöl
ca. 75 ml Wasser

1. Buchweizenflocken mit einem Mixer zerkleinern. Mit Salz, Kichererbsen- und Pfeilwurzelmehl vermischen. Olivenöl hinzufügen und gut vermengen. So viel Wasser zugießen, dass beim Kneten eine geschmeidige, nicht klebrige Teigkugel entsteht.

2. Backofen auf 180 °C vorheizen. Teig mit einem Wellholz zwischen zwei Lagen Backpapier etwas größer als die Form rund ausrollen. Eine Tarteform mit Öl auspinseln und den Teig hineinlegen. Nach Geschmack belegen und abhängig vom Belag etwa 30 Minuten auf der mittleren Schiene backen.

PIZZATEIG

Für 1 Backblech,
(6–8 Portionen)

Gerade ein Pizzateig wird durch Gluten schön elastisch. Die glutenfreie Lösung für einen weichen
Pizzaboden mit knusprigem Rand ist ein sehr feuchter Teig, der auch beim Backen nicht
trocken wird. Dabei müssen Sie weder lange kneten, noch den Teig gehen lassen.

150 g Buchweizenmehl (möglichst frisch gemahlen, siehe Seite 15)
100 g Vollkornreismehl
1 TL Stein- oder Meersalz
1 TL Backpulver, 190 ml Wasser

 **TIPP** 1 TL getrocknete Küchenkräuter nach Geschmack, z. B. Oregano, unter den Teig mischen.

1. Den Backofen auf 160 °C vorheizen. Buchweizen- und Vollkornreismehl mit Salz und Backpulver vermischen. Wasser zugießen und alles vermengen, bis eine feuchte, klebrige Teigkugel entsteht.

2. Mit der Hand oder einem Wellholz zwischen zwei Lagen Backpapier ausrollen. Zehn Minuten backen und aus dem Ofen nehmen. Die Temperatur auf 180 °C erhöhen. Pizzaboden mit den gewünschten Zutaten belegen und in ca. 15 Minuten auf der mittleren Schiene fertig backen.

Bücher für Genießer!

□ Bitte nehmen Sie mich in Ihren Newsletter-Verteiler auf! (Versand per E-Mail)

□ Bitte informieren Sie mich über folgende Verlagsthemen:

□ Essen & Trinken   □ Gesundheit

Name

Straße

PLZ, Ort

E-Mail (für Newsletter)

Diese Karte enthahm ich dem Buch

H **HÄDECKE**

Hädecke Verlag GmbH + Co. KG

Tel: +49 (0)70 33 – 1 38 08-0
Fax: +49 (0)70 33 – 1 38 08-13
info@haedecke-verlag.de
www.haedecke-verlag.de

Antwort

An den
Hädecke Verlag
Postfach 1203
71256 Weil der Stadt
Deutschland

Bitte
freimachen

BRÖTCHEN

MIT HASELNÜSSEN

Für 4 Brötchen

Ob ein glutenfreies Brot gelingt, hängt von der Wahl des richtigen Mehls ab und davon, wie feucht der Teig ist. Für diese Brötchen müssen Sie den Teig nicht lange kneten, damit er geschmeidig wird. Als Hefeteig braucht er zwar Zeit zum Gehen, ist aber im Handumdrehen zubereitet!

150 ml Wasser, lauwarm
3 g Trockenhefe
1 EL natives Olivenöl
100 g Buchweizenmehl (möglichst
    frisch gemahlen, siehe Seite 15)
50 g Vollkornreismehl
25 g Pfeilwurzelmehl oder 30 g
    einer anderen Stärke, z. B. Mais-
    oder Kartoffelstärke
2 Prisen Vollrohrzucker
½ TL Stein- oder Meersalz
etwas Öl für die Backform
ca. 12 Haselnusskerne, grob
    gehackt

1. Lauwarmes Wasser in eine Schüssel gießen, Trockenhefe und Olivenöl dazugeben. Mit Buchweizen- und Vollkornreismehl, Stärke, Zucker und Salz vermischen und zu einer gleichmäßigen, weichen und klebrigen Teigkugel formen. 30 Minuten an einem warmen Ort unter einem Geschirrtuch ruhen lassen.

2. Nochmals sanft durchkneten, um die Luftblasen herauszubekommen. Vier Mulden eines Muffinblechs (Ø 5,5 cm, Tiefe 3,5 cm) fetten. Den Teig hinein füllen, die Haselnüsse leicht in den Teig drücken.

3. Den Backofen auf 240 °C vorheizen und den Teig nochmals für 30 Minuten an einem warmem Ort gehen lassen.

4. Die Brötchen auf der mittleren Schiene 15–20 Minuten backen. Vor dem Verzehr etwas abkühlen lassen.

TIPPS Genießen Sie die Brötchen als Sandwich mit Ziegenkäse, Feigenstückchen und einem Spritzer Walnussöl oder mit frisch gehackten Kräutern. Als süße Variation mit Haselnussmus und Kastanienhonig oder Ahornsirup oder mit mehr Vollrohrzucker und Zimt backen. Experimentieren Sie mit unterschiedlichen Nüssen oder Kürbiskernen, oder auch Gewürzen wie Kreuzkümmel oder Kurkuma.

GALETTES
AUS BUCHWEIZEN – DAS ORIGINAL

Für 2 Portionen

Eine Galette ist eine Art Pfannkuchen aus Buchweizen. Das französische Original besteht nur aus Buchweizenmehl, einer Prise Salz und Wasser – so einfach und so köstlich! Die knusprigen, herzhaften Galettes sind zu meinem Allround-Rezept geworden, zu dem ich oft greife, wenn ich gerade nicht weiß, was ich kochen soll. Mit angeröstetem und frisch gemahlenem Buchweizen zubereitet wird der Teig besser gebunden und schmeckt besonders gut.

100 g geschälter Buchweizen
½ TL Stein- oder Meersalz
250 ml Wasser
etwas Öl zum Braten

1. Buchweizen leicht anrösten, dann fein mahlen (siehe Seite 15). Mit Salz und Wasser mixen. 30 Minuten ruhen lassen und nochmals gut verrühren.

2. Eine schwere Pfanne mit Bratöl fetten und erhitzen. Einen kleinen Schöpflöffel Teig hineingießen und einige Minuten bei mittlerer Hitze anbraten, bis sich die Oberfläche verfärbt.

3. Die Ränder vorsichtig mit einem Pfannenwender anheben, die Galette wenden und nochmals eine knappe Minute bräunen. So verfahren, bis der Teig aufgebraucht ist. Fertige Galettes bei Bedarf im Backofen warm halten.

 **TIPPS** Je feiner der Mahlgrad und je gleichmäßiger der Teig ist, desto besser schmecken die Galettes und desto leichter lassen sie sich wenden. Verwenden Sie am besten einen guten Mixer oder rühren Sie den Teig entsprechend lange mit einem elektrischen Handrührer.
Damit der Teig noch geschmeidiger wird, kann man die Hälfte des Wassers durch Sojamilch (pikante Variante) oder Hafer- bzw. Mandelmilch (süße Variante) ersetzen.
Dazu passt eine **Kürbis-Mascarpone-Creme:** 200 g gegartes Hokkaido-Fruchtfleisch mit 70 g Mascarpone mixen. Mit Salz, Pfeffer und frisch gemahlener Muskatnuss abschmecken. Heiß zu den Galettes servieren.

ROHKOST

MIT BUCHWEIZEN

ESSENERBRÖTCHEN
MIT WALNÜSSEN

Für 4 Brötchen

Essenerbrot wird aus angekeimten Körnern hergestellt. Es wird nicht gebacken, sondern bei niedrigen Temperaturen getrocknet und ist daher ein vollwertiges Rohkost-Brot mit einem hohen Gehalt an Nährstoffen und Enzymen. Die weichen Brötchen eignen sich fürs Frühstück, belegt als Sandwich, als Beilage zur Suppe oder zu einem Gemüse-Gericht.

150 g geschälter Buchweizen
2 EL natives Walnussöl
2 TL Vollrohrzucker
2 Prisen Stein- oder Meersalz
20 g Maca-Pulver (siehe Tipps)
1 Handvoll Walnusskerne, gehackt
    oder gemahlen

 **TIPPS**   Schneller geht der Trocknungsprozess (3–4 Stunden, je länger, desto härter werden die Brötchen), wenn man den Teig zu Fladen formt. Verfeinern kann man den Teig mit Sonnenblumenkernen, Sesam und Haselnüssen (für ein basisches Brot am besten gekeimt bzw. eingeweicht und mit frischem Wasser abgespült), oder Gewürzen wie Thymian, Koriander oder Fenchelsamen. Anstelle von Maca-Pulver passen auch andere Superfoods in Pulverform (z. B. Carob, Lucuma) ebenso wie gemahlene Mandeln, Haselnüsse oder Kokosmehl.

1. Buchweizenkörner in einem Sieb gründlich mit Wasser abspülen und etwa vier Stunden in einem großen Gefäß mit reichlich frischem Wasser einweichen.

2. Erneut gut durchspülen und keimen lassen (siehe Seite 16). Währenddessen regelmäßig spülen, bis sich nach ca. 24 Stunden die weißen Keime zeigen. Nochmals sorgfältig spülen und gut abtropfen lassen. Dann sanft in Küchenpapier ausdrücken, bis die Flüssigkeit aufgesogen ist.

3. Gekeimten Buchweizen mit Walnussöl, Zucker und Salz glatt mixen. Maca-Pulver und Walnüsse dazugeben und vermengen. Mit angefeuchteten Händen vier Teigkugeln formen und leicht flach drücken (Höhe: ca. 1½ cm). Auf Backpapier legen und im Dörrapparat oder Backofen ca. 18 Stunden bei maximal 42 °C trocknen lassen (siehe Tipps und Seite 17).

4. Die fertigen Brötchen sollten eine glatte, trockene, jedoch nicht rissige Oberfläche haben und innen schön weich und mürbe sein. In ein Geschirrtuch eingeschlagen sind sie im Kühlschrank bis zu fünf Tage haltbar.

TARTELETTES
MIT MANDEL-BASILIKUM-CREME

Für 2 Portionen

Die pikante Variante der beliebten Rohkost-Törtchen: ein weicher Teig mit Buchweizen-keimlingen, Sonnenblumenkernen und Oliven – und als Topping eine cremige Basilikum-Paste mit frischen Tomaten. Leicht, dennoch sättigend und ein Genuss!

TEIG

25 g Sonnenblumenkerne
25 g Buchweizenkeimlinge, gepufft
   (siehe Seite 16 f.)
2 Prisen Stein- oder Meersalz
50 g getrocknete, in Öl eingelegte
   Tomaten
10 g schwarze Oliven, entsteint
   und grob gehackt

BELAG

einige Basilikumblätter (ca. 15 g)
1 EL weißes Mandelmus
1 EL natives Olivenöl
2 Prisen Stein- oder Meersalz
1 vollreife Tomate (ca. 200 g)
1 kleine Knoblauchzehe
1 TL natives Olivenöl

1. Für den Teig Sonnenblumenkerne mit Buchwei-zenkeimlingen und Salz im Mixer grob zerklei-nern. Die eingelegten Tomaten auf Küchenpapier sanft ausdrücken, in kleine Stücke schneiden und mit den Oliven zur Keimlingsmasse geben. Erneut mixen und zu einer Teigkugel formen. Diese hal-bieren und in zwei Tartelette-Formen (Ø 9 cm, Tiefe 2 cm) drücken (alternativ: Tortenringe auf Backpapier). Für mindestens zwei Stunden in den Kühlschrank stellen.

2. Für den Belag Basilikumblätter waschen und tro-cken tupfen. Mit Mandelmus, 1 EL Olivenöl und ei-ner Prise Salz mixen, bis eine gleichmäßige Creme entsteht. Auf den Tartelette-Böden verteilen. Die Tomate waschen, vom Strunk befreien und fein würfeln. Knoblauch schälen, durchpressen oder fein würfeln, mit 1 TL Olivenöl und einer Prise Salz vermengen. Tomaten mit Knoblauch auf den Tartelettes verteilen und bis zum Verzehr in den Kühlschrank stellen.

TIPP Wenn Sie genügend Zeit haben, trocknen Sie die Tartelette-Böden vier bis sechs Stunden bei 40 °C, bevor Sie Creme und Tomaten darauf verteilen.

KÜRBIS-SALAT

MIT MISO

Für 4 Portionen

Wussten Sie, dass der birnenförmige Butternut- oder Butternuss-Kürbis mit seinem orangefarbenen Fruchtfleisch auch als Rohkost herrlich schmeckt? Ich genieße ihn am liebsten in Form von schönen »Bandnudeln«, die ich in einer milden Sauce aus Orangensaft und hellem Miso mariniere und mit Buchweizenkeimlingen und gehackten Walnüssen bestreue. Eine hervorragende Möglichkeit, um die Saison frischer Salate auch auf den Herbst auszudehnen!

500 g Butternut-Kürbis
1 geh. TL helles Miso (Shiro Miso, siehe rechts)
2 EL Orangensaft, frisch gepresst (von ca. ½ Orange)
2 TL Apfelessig
2 EL natives Rapsöl
Stein- oder Meersalz
schwarzer Pfeffer, frisch gemahlen
ca. 20 Walnusskerne, grob gehackt
2 Handvoll Buchweizenkeimlinge (siehe Seite 16)

1. Butternut-Kürbis schälen, längs halbieren und das Kerngeflecht mithilfe eines Esslöffels herauskratzen. Fruchtfleisch mit einem Sparschäler oder auf einem Gemüsehobel in feine Streifen schneiden und in eine große Salatschüssel geben.

2. Miso mit Orangensaft und Apfelessig vermengen, nach und nach mit dem Rapsöl zu einem Dressing verrühren. Mit Salz und Pfeffer abschmecken und über den Butternut gießen.

3. Gut vermischen und mindestens eine Stunde im Kühlschrank ziehen lassen. Vor dem Servieren mit Walnüssen und Buchweizenkeimlingen bestreuen und vorsichtig unterheben.

 **TIPP** In den Kürbis-Salat passen auch geraspelter fester Ziegenkäse, gewürfelter Räuchertofu und Apfel- oder Birnenstückchen. Das rohe Kürbis-Fruchtfleisch von Butternut, Hokkaido oder Muskatkürbis lässt sich zudem gut in herbstlichen Smoothies verarbeiten. Die Kerne des Butternut-Kürbisses kann man roh knabbern oder kurz in der Pfanne anrösten.

Miso ist eine gesunde, fermentierte Gewürzpaste aus Sojabohnen, Reis oder Getreide. Das helle »Shiro-Miso« schmeckt mild bis süßlich, dunklere Sorten sind salzig und würzig (»Mugi-Miso«) bis pikant (»Hattcho Miso«). Erhältlich ist Miso im Biohandel oder in Asialäden.

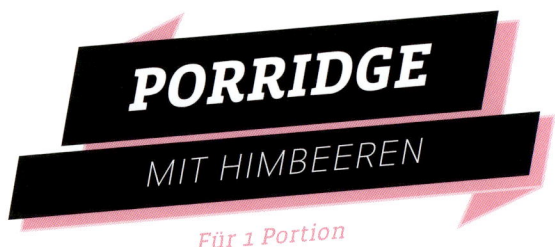

PORRIDGE

MIT HIMBEEREN

Für 1 Portion

Porridge ist ein beliebtes Rezept in der Rohkostküche: Diese sämige Cremespeise ist dank der eingeweichten Buchweizenkörner besonders reich an Nährstoffen. Weicht man die Körner am Vorabend ein, ist morgens nur noch ein kurzer Mixereinsatz erforderlich. Meine Lieblingsvariante sind süße Himbeeren, kombiniert mit körnigen Mohnsamen.

50 g geschälter Buchweizen
70 ml Mandelmilch
2 TL Agavensirup
70 g Himbeeren
1 TL Mohnsamen

1. Buchweizenkörner am Vorabend in einem Sieb mit Wasser abspülen und bei Raumtemperatur in einem großen Gefäß mit reichlich Wasser einweichen.

2. Am nächsten Morgen nochmals gut abspülen. Mit der Mandelmilch gründlich mixen, bis eine Creme entsteht.

3. Den Agavensirup und die Himbeeren dazugeben, ein paar für die Dekoration beiseitelegen. Die Masse erneut mixen, in eine Müslischale gießen und die Mohnsamen darüberstreuen.

 **TIPP** Die Himbeeren können Sie natürlich auch durch andere Früchte der Saison ersetzen. Weitere geeignete Zutaten sind Mandel- oder Haselnussmus, Superfood-Pulver (z. B. roher Kakao, Carob und Maca), Kürbis- und Sonnenblumenkerne, Mandeln, Erdnüsse und Sesam. Man weicht Kerne und Saaten einige Stunden vor dem Mixen ein und spült sie dann mit frischem Wasser ab.

DESSERTCREME

MIT BUCHWEIZEN, BANANE UND AHORNSIRUP

Für 2 Portionen

*Ein schnelles Dessert für alle Tageszeiten und viele Gelegenheiten: Es genügt,
morgens oder bei der Rückkehr von der Arbeit die Körner
einzuweichen und die Creme kurz vor dem Verzehr fertig zu mixen.*

50 g geschälter Buchweizen
60 ml Mandel- oder Reismilch
1 kleine Banane
2 TL Ahornsirup

1. Buchweizen in einem Sieb mit Wasser abspülen. Mit der Milch in eine kleine Schüssel geben, sodass der Buchweizen ganz mit Wasser bedeckt ist (sonst noch etwas Milch zugießen). Bei Zimmertemperatur mindestens vier, jedoch nicht länger als acht Stunden ziehen lassen.

2. Banane schälen, in Stücke schneiden und mit Ahornsirup und Buchweizen-Milch in den Mixbehälter geben. Gründlich durchmixen, bis eine Creme entsteht. Auf zwei kleine Dessertschälchen verteilen.

Wird Buchweizen einige Stunden eingeweicht, entwickelt er Schleimstoffe, die Cremes, Grützen oder Desserts cremig machen. Zugleich werden durch diesen Prozess, ähnlich wie bei den Keimlingen, Enzyme, Vitamine und Mineralstoffe geweckt, die in den kleinen Körnern schlummern.

 **TIPP** Für ein erfrischendes Sommer-Dessert die geschälte Banane vor dem Mixen tiefgefrieren lassen.

BUCHWEIZEN-CASHEW-EIS
MIT BIRNE

Für 400 ml Eiscreme (4 Portionen)

Cashewkerne sind für Rohkost einfach genial: Weicht man sie ein und mixt sie anschließend mit etwas Flüssigkeit, ergeben sie eine geschmeidige Creme. Das macht sie zur Idealzutat in veganem Tiramisú, Käsekuchen oder Cremeeis. Cashews passen wunderbar zur Süße der Birne, dem kräftigen Aroma von Muscovado und dem nussig-knusprigen Buchweizen.

100 g Cashewkerne
Wasser
120 ml Buchweizen-Rohmilch
(siehe Tipp und Seite 19) oder
Mandelmilch
1 Birne (ca. 200 g)
40 g Muscovado- bzw. Vollrohrzucker
1 EL Buchweizen, gepufft
(siehe Seite 16 f.)

Selbst gemachtes Speiseeis ist nicht lange haltbar – das gilt besonders für eine Zubereitung ohne Eismaschine, bei der man das Eis maximal drei Tage aufbewahren kann. Ist das Eis zu körnig, mixt man es nochmals kurz durch und stellt es, je nach gewünschter Festigkeit, nochmals zurück ins TK-Fach.

1. Cashewkerne in einem großen Gefäß mit reichlich Wasser mindestens vier, maximal zehn Stunden einweichen. Dann mit frischem Wasser abspülen und gründlich mit der pflanzlichen Milch mixen.

2. Birne waschen, vom Kerngehäuse befreien und in Stücke schneiden. Mit Zucker zur Cashew-Milch geben und erneut durchmixen.

3. Zwei Stunden in den Kühlschrank oder 20 Minuten ins Gefrierfach stellen, damit die Masse gut vorgekühlt ist. Dann in einer Eismaschine zubereiten. Ohne Eismaschine eine Stunde ins Gefrierfach stellen, dann mit einem Schneebesen kräftig umrühren und zurück ins Gefrierfach stellen.

4. Diesen Vorgang alle 30 Minuten wiederholen, bis die gewünschte Konsistenz erreicht ist. Je nach Festigkeit ca. 15 Minuten vor dem Servieren aus dem Gefrierfach nehmen. Auf Dessertgläser verteilen und mit dem gepufften Buchweizen bestreuen.

TIPP Für dieses Rezept eignet sich eine kräftige Buchweizen-Rohmilch aus 150 g Buchweizen pro 500 ml Wasser, das entspricht hier 35 g Buchweizen auf 120 ml Wasser (Rezept auf Seite 19).

CRACKER
MIT FEIGEN UND MANDELN

Für ca. 20 Cracker

Zart schmelzend und zuckersüß durch die Trockenfeigen, knusprig dank der gepufften Buchweizenkeimlinge und köstlich-aromatisch wegen der Mandeln – diese rohköstlichen Cracker sind eine wahre Energie- und Mineralstoffbombe! Sie schmecken mir am besten zu einem Smoothie aus saisonalen Früchten und sind eine tolle Pausenüberraschung im Schulranzen der Kinder.

100 g getrocknete Feigen
heißes Wasser
100 g ungeschälte Mandeln
1 Prise Stein- oder Meersalz
50 g Buchweizen, gepufft
   (siehe Seite 16 f.)

1. Feigen je nach Leistungsfähigkeit des Mixers etwa zehn Minuten in heißem Wasser einlegen. Abtropfen lassen und mit Küchenpapier trocken tupfen.

2. Mandeln mit Salz im Mixer grob zerkleinern. Feigen dazugeben und erneut durchmixen. Dabei die Masse immer wieder vom Schüsselrand nach unten zu den Messern schieben und weitermixen, bis eine Teigkugel entsteht.

 **TIPP** Dieser rohköstliche Teig ist auch wunderbar für Tartelette-Böden geeignet. Sie können diese mit rohem Obst belegen und mit einer pürierten, gesüßten Nusscreme übergießen, beispielsweise aus Apfel, Haselnussmus und Honig oder aus Erdbeeren, Mandelmus und Agavensirup.

3. Gepufften Buchweizen von Hand in den Teig einarbeiten. Teig zwischen zwei Lagen Backpapier mit einem Wellholz ca. 5 mm dick ausrollen. Das obere Backpapier abziehen und den Teig mit einem scharfen Messer in Rechtecke schneiden.

Frische Variante: *Mindestens zwei Stunden vor dem Verzehr in den Kühlschrank stellen und innerhalb von drei Tagen verzehren.*

Gedörrte Variante (mein Favorit): *Im Dörrapparat etwa zwölf Stunden bei 40 °C oder im Backofen bei niedrigster Stufe trocknen (siehe Seite 17). In einer luftdichten Dose sind die gedörrten Cracker zwei Monate haltbar.*

BUCHWEIZENKÖRNER UND -FLOCKEN

LAUCHCREMESUPPE
MIT BUCHWEIZEN

Für 2–3 Portionen

Pikant durch den Lauch, mild-cremig dank Haselnussmus und Buchweizenflocken: Diese Suppe ergibt eine vollwertige Mahlzeit und beschert wohlige Wärme an kalten Wintertagen.

2 große Stangen Lauch (ca. 500 g)
1 Gemüsebrühwürfel oder
   2 TL -pulver
Wasser
80 g Buchweizenflocken
50 g Haselnussmus
Stein- oder Meersalz
weißer Pfeffer, frisch gemahlen

1. Lauch putzen, waschen und in Ringe schneiden. Mit Gemüsebrühe und Buchweizenflocken in einen großen Topf geben.

2. Mit so viel Wasser auffüllen, dass die Zutaten bedeckt sind. Zum Kochen bringen, den Deckel auflegen und ca. 15 Minuten bei kleiner Hitzezufuhr sanft köcheln lassen, bis der Lauch weich ist.

3. Haselnussmus dazugeben und die Suppe glatt pürieren. Mit Salz und Pfeffer abschmecken, heiß servieren.

 Im Sommer können Sie den Lauch durch Zucchini ersetzen und die Suppe mit Mandelmus pürieren – schmeckt warm und kalt!

BUCHWEIZOTTO

MIT CHAMPIGNONS UND CASHEW-KÄSE

Für 4 Portionen

Wie sein bekanntes Vorbild mit Reis ist auch dieses Buchweizen-Risotto al dente und sämig zugleich. Pilze, Schalotten und Haselnüsse sorgen für ein herzhaftes Aroma; der vegane Käse aus Cashewmus und Hefeflocken ist von echtem Käse geschmacklich kaum zu unterscheiden!

500 g Champignons oder
    andere Pilze
1–2 Knoblauchzehen
3 EL natives Olivenöl
3 Schalotten
200 g geschälter Buchweizen
800 ml Gemüsebrühe
1 EL Cashewmus
1 EL Hefeflocken (siehe Hinweis)
ca. 15 Haselnusskerne,
    grob gehackt
1 Handvoll Petersilie, klein
    gehackt
Stein- oder Meersalz
schwarzer Pfeffer, frisch gemahlen

1. Pilze putzen und die Stielenden einkürzen. Große Pilze in Stücke schneiden, kleine ganz belassen. Knoblauch schälen und fein würfeln. 1 EL Olivenöl in einer Pfanne erhitzen, Pilze und Knoblauch anbraten, bis die Flüssigkeit verdunstet ist, dann beiseitestellen.

2. Schalotten schälen, in feine Ringe schneiden und in einem Topf mit dem restlichen Olivenöl (2 EL) goldgelb anbraten. Buchweizen hinzufügen und etwa drei Minuten unter ständigem Rühren rösten. Dann bei sanfter bis mittlerer Hitze nach und nach jeweils einen Schöpflöffel Gemüsebrühe zugießen und dabei oft umrühren, bis letztendlich die gesamte Flüssigkeit aufgesogen ist. Cashewmus und Hefeflocken dazugeben, gut umrühren. Zuletzt gebratene Champignons, gehackte Haselnüsse und Petersilie untermischen. Mit Salz und Pfeffer abschmecken.

Hinweis: *Bei der Herstellung von Hefeflocken werden Hefestämme auf der Basis von Weizen, Reis oder Zuckerrübenmelasse kultiviert. Sie sind reich an Mineralstoffen, Spurenelementen und B-Vitaminen, insbesondere B_1. Man streut sie über Salate und Suppen oder nutzt ihr würziges Aroma und ihre Bindefähigkeit für Saucen, Gratins, Brotaufstriche und als Käse-Ersatz. Hefeflocken aus biologischer Erzeugung sind frei von chemisch veränderten Zusätzen und gentechnisch veränderten Mikroorganismen. Achtung: Es gibt sowohl glutenhaltige als auch glutenfreie Produkte!*

BAUERNTERRINE

MIT LINSEN UND BUCHWEIZEN

Für 1 kleine Kastenform mit 19 cm Länge (6–8 Portionen)

Eine echte Bauernterrine, rustikal und nahrhaft – hier in der Veggie-Version! Dazu passt ein Salat und gutes Brot, als Garnitur eignen sich Cornichons und Keimlinge.

200 g grüne Linsen
Wasser
2 TL Gemüsebrühpulver oder
   1 -würfel
150 g geschälter Buchweizen
3 Eier
1 geh. EL Haselnussmus (ca. 40 g)
2 TL dunkles Miso (siehe Seite 34)
2 EL natives Walnussöl
Stein- oder Meersalz
schwarzer Pfeffer, frisch gemahlen
5 Schalotten
1 EL Olivenöl

Variante: *Für mehr Biss je ein Drittel der gegarten Linsen und des gekochten Buchweizens vor dem Mixen beiseitestellen und erst mit den Schalotten in die Masse einarbeiten.*

 **TIPP** Beim Gartest (»Messerprobe«) sollte die spitze Klinge eines Messers beim Herausziehen aus der Mitte des Backwerks so gut wie trocken bleiben – dann ist die Terrine bzw. der Kuchen fertig.

1. Die Linsen möglichst zehn Stunden oder über Nacht in einer Schüssel mit Wasser einweichen, damit sie bekömmlicher werden.

2. Dann abgießen, mit klarem Wasser abspülen und in einem großen Topf mit frischem Wasser bedecken. Gemüsebrühpulver dazugeben und einen Deckel auflegen. Linsen ca. 20 Minuten bei geringer Hitzezufuhr sanft köcheln (25–40 Minuten ohne Einweichen). Bei einer Garprobe sollten sie sich mit einer Gabel leicht zerdrücken lassen.

3. Buchweizen in einem Sieb mit warmem Wasser abspülen. In leicht gesalzenem Wasser 15–20 Minuten weich kochen, abgießen und nochmals mit warmem Wasser abspülen.

4. Backofen auf 180 °C vorheizen. Buchweizen und Linsen mit den Eiern, Haselnussmus, Miso und Walnussöl mixen. Mit Salz und Pfeffer abschmecken. Schalotten schälen, klein würfeln und einige Minuten in Olivenöl goldgelb anschwitzen. Zur Linsencreme dazugeben und gut vermischen. In eine große, mit Backpapier ausgelegte Kastenform füllen und etwa eine Stunde backen (siehe Tipp). Die Terrine erst abkühlen lassen, dann aus der Form nehmen.

FALAFEL
MIT SCHALOTTEN

Für ca. 20 Bällchen

Diese knusprigen Bällchen aus Buchweizen und Kichererbsenmehl liefern eine Menge Proteine – und sind innerhalb von 20 Minuten auf dem Teller! Mit Gemüse oder Salat ergeben sie ein schnelles Hauptgericht oder ein schönes Fingerfood fürs nächste Fest.

100 g geschälter Buchweizen, geröstet (siehe Seite 15)
Wasser
2 Eier, verquirlt
80 g Kichererbsenmehl
Stein- oder Meersalz
schwarzer Pfeffer, frisch gemahlen
5 Schalotten
3 EL Olivenöl zum Braten
2 EL Petersilienblättchen, klein gehackt

1. Gerösteten Buchweizen mit etwas kaltem Wasser in einen Topf geben, sodass das Wasser ca. 2 cm über dem Buchweizen steht. Aufkochen und etwa fünf Minuten zugedeckt bei geringer Hitzezufuhr köcheln, bis die Flüssigkeit ganz aufgesogen ist.

2. Mit Eiern und Kichererbsenmehl vermischen, salzen und pfeffern. Schalotten schälen, klein würfeln und in 1 EL Olivenöl goldgelb anbräunen. Mit der Petersilie zur Buchweizenmasse geben.

3. Mit angefeuchteten Händen ungefähr walnussgroße Teigkugeln formen.

4. Eine Pfanne mit 2 EL Olivenöl stark erhitzen und die Bällchen unter mehrmaligem Wenden etwa fünf Minuten rundum kross anbraten.

 Für eine vegane Version 2 EL gemahlenen Leinsamen mit 4 EL Wasser vermischen. Zehn Minuten quellen lassen und anstelle der Eier zum Teig geben.

KASCHA

MIT MANDELN, HONIG UND ZIMT

Für 4–6 Portionen

Buchweizen harmoniert bestens mit Mandeln, Honig und Zimt – wie in dieser cremigen, aromatischen und wärmenden Variante der traditionellen Buchweizengrütze (Kascha).

200 g geschälter Buchweizen
300 ml Mandelmilch
200 ml Mandelsahne (siehe unten)
100 g Honig
2 TL Zimtpulver
40 g helles Mandelmus

*Für eine **Mandelsahne** 100 g Mandeln über Nacht in Wasser einweichen. Abgießen, die Haut abziehen und die Kerne mit 250–300 ml Mandelmilch oder Wasser und einer Prise Salz cremig mixen. Dabei die Milch nach und nach und zuletzt 1–2 EL Mandel- oder Nussöl zugießen. Die Masse beim Mixen immer wieder nach unten zu den Messern schieben. Nach Geschmack durch ein feines Sieb geben. Mandelsahne eignet sich zum Verfeinern von Suppen, Saucen und Desserts, lässt sich jedoch nicht aufschlagen.*

1. Buchweizen gründlich mit warmem Wasser abspülen und ca. zwei Stunden in einem großen Gefäß mit Wasser einweichen.

2. Erneut abspülen und mit der Mandelmilch in einen Topf geben. Aufkochen und zehn Minuten bei geringer Hitzezufuhr sanft köcheln, dabei gelegentlich umrühren.

3. Mandelsahne, Honig und Zimt gut untermischen. Nochmals etwa zehn Minuten sanft köcheln, bis die Konsistenz gleichmäßig und cremig ist (die Creme trocknet beim Abkühlen noch etwas ein).

4. Vom Herd nehmen und etwas abkühlen lassen. Mandelmus untermischen und die Kascha lauwarm oder kalt servieren.

TIPPS Noch aromatischer wird die Kascha, wenn Sie den Buchweizen vor dem Kochen anrösten (siehe Seite 15). Den Zimt alternativ durch Vanille oder Ingwer ersetzen und nach der Hälfte der Garzeit vollreife, klein geschnittene Früchte, z. B. Aprikosen, dazugeben.

COBBLER

MIT ÄPELN UND GEWÜRZEN

Für 1 quadratische Auflaufform, 14 cm (4–6 Portionen)

Der amerikanische Cobbler ist eng verwandt mit dem britischen Crumble. Beide bestehen aus Obst, das mit Teig bedeckt und gebacken wird. Beim Cobbler ist der Teig in der Regel weicher, im Gegensatz zu den Teigstreuseln beim Crumble. Durch die Buchweizen-flocken wird er hier aber dennoch schön knusprig.

6 säuerliche Äpfel, z. B. Boskoop
　(ca. 900 g)
70 g heller Rohrzucker
½ TL Zimtpulver
80 g ungeschälte Mandeln
100 g Buchweizenflocken
60 g Vollrohrzucker
1 Prise Stein- oder Meersalz
2 Prisen Vanillemark
½ TL Ingwerpulver
80 g weißes Mandelmus
150 ml Mandelmilch oder Buchwei-
　zen-Rohmilch (siehe Seite 19)

 **TIPP** Nach Geschmack
eignen sich neben
Zimt und Ingwer auch weitere Lebkuchengewürze wie Anis,
Nelke, Piment, Orangen- oder
Zitronenschalenabrieb. Für ein
herbstlicheres Aroma einen Teil
der Buchweizen- durch Esskas-
tanienflocken ersetzen. Im Sommer passen auch Aprikosen;
dann auf das Vorgaren verzich-
ten, den Zimt weglassen und etwas mehr Ingwer verwenden.

1. Backofen auf 180 °C vorheizen. Äpfel waschen, vom Kerngehäuse befreien, nach Geschmack schälen und in Stücke schneiden.

2. In einer großen Auflaufform mit Zucker und Zimt vermischen. Äpfel ca. 20 Minuten im Backofen karamellisieren lassen, dabei nach der Hälfte der Garzeit einmal wenden.

3. Mandeln in einem Mixer oder einer elektrischen Kaffeemühle zerkleinern. Buchweizenflocken da-zugeben und erneut mixen.

4. Vollrohrzucker, Salz, Vanille und Ingwer unterrüh-ren. Mandelmus dazugeben und mit den Finger-spitzen in den Teig einarbeiten. Milch zugießen und vermischen, bis ein weicher, feuchter Teig entsteht.

5. Äpfel aus dem Ofen nehmen und den Teig esslöf-felweise darauf klecksen, nicht glatt streichen. 25 Minuten weiterbacken und lauwarm servieren.

ORANGENKUCHEN

MIT INGWER UND BUCHWEIZENKROKANT

Für 1 kleine Springform (⌀ 15 cm, 9 cm hoch, 6–8 Stücke)

In diesem extrafeinen Kuchen stecken Orangen, kandierte Ingwerstückchen, eine ordentliche Portion Mandelmus und knusprig gepuffte Buchweizenkörner. Auch optisch punktet der Kuchen mit dem »Buchweizenkrokant« – und mit Maismehl, von dem die schöne goldgelbe Farbe kommt.

100 g Buchweizenmehl (möglichst frisch gemahlen, siehe Seite 15)
150 g Maismehl
40 g Pfeilwurzelmehl
1 Pck Backpulver
120 g heller Rohrzucker
30 g kandierter Ingwer
3 geh. EL Buchweizen, gepufft (siehe Seite 16 f.)
1 unbehandelte Bio-Orange, Schalenabrieb
3 Eier, verquirlt
50 g weißes Mandelmus
2–3 Orangen, frisch gepresster Saft (200 ml)
etwas Öl und Buchweizenmehl für die Backform

1. Backofen auf 200 °C vorheizen. Buchweizen-, Mais- und Pfeilwurzelmehl mit Backpulver und Zucker vermengen.

2. Den Ingwer in kleine Stückchen schneiden. Mit 2 EL gepufften Buchweizenkörnern und Orangenschalenabrieb zur Mehlmischung geben.

3. Nacheinander die Eier und das Mandelmus gründlich unterrühren. Orangensaft portionsweise zugießen und weiterrühren, bis eine gleichmäßig cremige Masse entsteht.

4. Den Teig in eine gefettete, bemehlte Springform gießen, mit 1 EL gepufften Buchweizenkörnern bestreuen und auf er mittleren Schiene ca. 35 Minuten backen (Messerprobe durchführen, siehe Tipp auf Seite 48).

5. Den Orangenkuchen etwas abkühlen lassen, dann aus der Springform nehmen.

 **TIPP** Wenn Sie den Kuchen in ein trockenes Geschirrtuch einschlagen und im Gemüsefach des Kühlschranks aufbewahren, ist er mindestens drei Tage haltbar.

MAGISCHES
SCHOKO-FONDANT

Für 1 kleine Springform (⌀ 15 cm, 9 cm hoch, 6–8 Stücke)

Fast schon Zauberei: Diesem Schokoladen-Fondant fehlt es an gar nichts – und das ganz ohne Ei, Butter und Mehl! Das Geheimnis steckt in den Buchweizenflocken, genauer gesagt in deren Schleimstoffen. Sie sorgen für die erstaunlich feine, zart schmelzende Konsistenz dieses Schokoladenkuchens.

100 g Buchweizenflocken
250 ml Mandelmilch oder Buchwei-
    zen-Rohmilch (siehe Seite 19)
200 g dunkle Kuvertüre
    (mind. 65 % Kakaoanteil)
60 g Haselnussmus
80 g Vollrohrzucker
etwas Fett und Buchweizenmehl
    für die Backform

1. Buchweizenflocken mit Milch vermischen und mindestens vier Stunden, maximal über Nacht im Kühlschrank quellen lassen.

2. Dann den Backofen auf 180 °C vorheizen.

3. Kuvertüre über dem heißen Wasserbad schmelzen und mit Haselnussmus, Zucker und der Buchweizenmilch aus dem Kühlschrank vermengen.

4. In eine gefettete, bemehlte Springform gießen und ca. 30 Minuten backen (Messerprobe durchführen, siehe Tipp auf Seite 48).

 **TIPPS** Für zusätzliche Geschmacksnoten ein bis zwei Tropfen naturreines ätherisches Bio-Süßorangen- oder -Mandarinenöl (siehe Seite 11) oder ein Tässchen Espresso (anstelle der entsprechenden Menge an pflanzlicher Milch) hinzufügen. Auch Fleur de Sel macht sich hier gut.
Das Schoko-Fondant mit frischen Himbeeren oder eingemachten Kirschen servieren. Auch das Buchweizen-Cashew-Eis (siehe Seite 40), eine Vanillesauce oder Schlagsahne passen gut dazu.

HEISSE BUCHWEIZENSCHOKOLADE

MIT ORANGENAROMA

Für 1 Portion

Diese heiße Schokolade mit ausgeprägter Geschmacksnote vereint das milde Aroma des Buchweizens mit dem zarten Karamellgeschmack des Vollrohrzuckers und der betörenden Note des Orangenöls.

200 ml Buchweizen-Rohmilch
   (siehe Seite 19)
2 geh. TL Kakaopulver
1 geh. TL Vollrohrzucker
1 Tropfen naturreines ätherisches
   Bio-Süßorangenöl
   (siehe Seite 11)

1. Buchweizen-Rohmilch nach Rezept auf Seite 19 zubereiten, dabei 60 g Buchweizen auf 200 ml Wasser für einen kräftigen Geschmack und eine schöne Cremigkeit verwenden.

2. Die Buchweizen-Rohmilch aufkochen und mit den restlichen Zutaten mixen.

TIPPS Das Süßorangenöl lässt sich auch gut durch frisch gepressten Orangensaft ersetzen, dabei die entsprechende Menge an Buchweizen-Rohmilch reduzieren. Alternativ passen auch Zimt oder Ingwer. Noch aromatischer und zugleich cremiger wird die Trinkschokolade durch die Zugabe von 1 TL Haselnuss- oder Mandelmus.

SOBACHA

Für 1 große Tasse

Sobacha, der Tee aus Buchweizenkörnern, ist ein traditionelles japanisches Getränk ohne Teein. Der Tee enthält die wertvollen Inhaltsstoffe des Buchweizens und soll auch beim Abnehmen helfen. Er schmeckt heiß oder kalt zu jeder Tageszeit; ich trinke ihn am liebsten morgens. Medizinisch eingesetzt wird dagegen Tee aus Buchweizenkraut (siehe Seite 6).

2 TL geschälter Buchweizen
200 ml Wasser

1. Den Buchweizen anrösten (siehe Seite 15) und in einem Teesieb in eine große Tasse geben. Das Wasser zum Kochen bringen und über den Buchweizen gießen. Nach Geschmack fünf bis zehn Minuten ziehen lassen. Bei Bedarf mit Honig oder Agavensirup süßen.

BUCHWEIZENMEHL

CRACKER
MIT KÄSE UND TOMATEN

Für 40 Cracker

Diese knusprigen Cracker erinnern an mexikanische Tortillas und sind ein leckeres Knabbergebäck, das auch auf Partys oder bei einem Picknick gut ankommt – am besten mit einem Dip Ihrer Wahl.

100 g Buchweizenmehl (möglichst frisch gemahlen, siehe Seite 15)
50 g Instant-Polenta (siehe Tipp)
1 TL Stein- oder Meersalz
4 EL Olivenöl
40 g italienischer Hartkäse aus mikrobiellem Lab, z. B. Montello (in Bioläden und Reformhäusern, siehe Seite 11)
40 g getrocknete, in Öl eingelegte Tomaten
Wasser

1. Backofen auf 200 °C vorheizen. Buchweizenmehl, Instant-Polenta und Salz vermischen.

2. Das Olivenöl einarbeiten. Käse grob raspeln und die eingelegten Tomaten auf Küchenpapier abtropfen lassen und sehr klein schneiden. Beides zur Mehlmischung geben und so viel Wasser zugießen, dass sich eine weiche, nicht klebrige Teigkugel formen lässt.

3. Den Teig zwischen zwei Lagen Backpapier mit einem Wellholz dünn ausrollen. Den oberen Backpapierbogen abziehen und mit einem scharfen Messer vorsichtig Rechtecke in die Teigplatte ritzen, ohne den Teig ganz durchzuschneiden.

4. Zehn bis zwölf Minuten auf der mittleren Schiene backen, bis die Ränder goldbraun sind. Die Teigplatte abkühlen lassen und die Cracker herausbrechen. In einer Metalldose sind sie drei bis vier Tage haltbar.

 **TIPP** Der schnell garende Maisgrieß, die Instant-Polenta, ist eine nützliche Backzutat: Eine kleine Menge davon unter das Buchweizenmehl mischen und man erhält einen Teig für besonders knusprige Tartes, Cookies und anderes Mürbeteiggebäck.

Für 4 kleine Pfannkuchen (2 Portionen)

Seidentofu ist ein idealer Ei-Ersatz und macht diese schnell zubereiteten, kleinen und dicken Pfannkuchen so zart, dass sie auf der Zunge zergehen. Belegen Sie die Küchlein je nach Saison und Geschmack mit Gemüse, frischen Kräutern oder Feta.

100 g Buchweizenmehl (möglichst frisch gemahlen, siehe Seite 15)
1 EL Hefeflocken (siehe Seite 47)
½ TL Stein- oder Meersalz
1 TL getrocknete Kräuter (Thymian, Oregano, Kräuter der Provence)
150 g Seidentofu
1 EL natives Olivenöl
30 g getrocknete, in Öl eingelegte Tomaten
20 g schwarze Oliven ohne Stein
1 kleine Knoblauchzehe
1 geh. EL Sonnenblumenkerne
etwas Olivenöl zum Braten

1. Buchweizenmehl mit Hefeflocken, Salz und Kräutern vermischen. Seidentofu und Olivenöl dazugeben, dabei gründlich verrühren.

2. Die Tomaten auf Küchenpapier abtropfen lassen und mit den Oliven klein würfeln. Den Knoblauch schälen und durchpressen.

3. Tomaten, Oliven, Knoblauch und Sonnenblumenkerne unter die Tofu-Masse mischen.

4. Eine Pfanne mit etwas Olivenöl erhitzen und eine Schöpfkelle Teig hineingeben. Nicht verstreichen, nur etwas flach drücken.

5. Die Pfannkuchen bei mittlerer Hitze von beiden Seiten jeweils zwei bis drei Minuten braten.

 **TIPPS** Als Varianten 1 EL Pesto oder Tomatensauce in den Teig geben, die Sonnenblumen- durch Kürbiskerne ersetzen oder statt Tomaten und Oliven kleine, gedünstete Karotten- und Kürbisstückchen untermischen.

KÜRBIS-SCONES

MIT KÄSE UND WALNÜSSEN

Für 6 Scones

Das schmeckt nach Herbst: In diesen reichhaltigen Scones stecken ordentlich Käse, Walnüsse und Kürbispüree. Diese Zutat wird in den USA besonders vielfältig für die Zubereitung von Brot, Waffeln und Kuchen verwendet.

100 g Hokkaido-Fruchtfleisch
100 ml Wasser
2 Eier
2 EL natives Olivenöl
50 g Ziegenfrischkäse
125 g Buchweizenmehl (möglichst frisch gemahlen, siehe Seite 15)
50 g Vollkornreismehl
60 g Maismehl
½ Pck Backpulver
1 TL Stein- oder Meersalz
25 g Walnusskerne
50 g kräftiger Bergkäse aus mikrobiellem Lab (siehe Seite 11)

1. Ungeschältes Hokkaido-Fruchtfleisch klein würfeln und in einem kleinen Topf mit wenig Wasser 15–20 Minuten unter gelegentlichem Rühren zugedeckt weich garen.

2. Backofen auf 180 °C vorheizen. Kürbisstücke abgießen und mit Eiern, Öl und Ziegenfrischkäse mixen. Die drei Mehle, Backpulver und Salz dazugeben und gründlich vermengen.

3. Walnusskerne grob hacken, Käse reiben und beides in den Teig einarbeiten.

4. Die Teigoberfläche mit etwas Mehl bestäuben und den Teig mit einem Wellholz zwischen zwei Lagen Backpapier ausrollen (ca. 3 cm dick).

5. Ein Backblech mit Backpapier auslegen. Mithilfe eines Trinkglases aus dem Teig sechs Scheiben ausstechen und auf das Backpapier legen.

6. Aus dem Teigrest von Hand eine dicke Scheibe formen. Auf der mittleren Schiene 25 Minuten backen und lauwarm servieren.

 **TIPP** Für ein noch intensiveres Herbstaroma das Maismehl durch Kastanienmehl ersetzen.

MUFFINS

MIT ZIEGENKÄSE UND KARAMELLISIERTEN ZWIEBELN

Für 6 Muffins

Wer behauptet, dass glutenfreie Muffins nicht richtig aufgehen? Diese hier sind sehr luftig, butterweich, geschmacksintensiv und gleichzeitig schön mild. Die Kombination von Ziegenkäse und den in Honig karamellisierten Zwiebeln ist ein besonderer Genuss.

2 rote Zwiebeln
2 EL Olivenöl zum Braten
2 TL Honig
100 g Buchweizenmehl (möglichst
   frisch gemahlen, siehe Seite 15)
50 g Maismehl
50 g Reismehl
40 g Pfeilwurzelmehl (siehe Tipp)
1 Pck Backpulver
1 TL Stein- oder Meersalz
100 g Ziegen-Camembert aus
   mikrobiellem Lab (siehe
   Seite 11)
ca. 12 Haselnusskerne, grob
   gehackt
25 ml natives Olivenöl
50 g weißes Mandelmus
2 Eier
150 ml lauwarme Buchwei-
   zen-Rohmilch (siehe Seite 19)
   oder Sojamilch
etwas Öl für die Muffinform

1. Zwiebeln schälen und klein würfeln. In einem kleinen Topf Olivenöl (2 EL) erhitzen und die Zwiebeln drei bis vier Minuten anschwitzen. Honig unterrühren und fünf Minuten bei geringer Hitzezufuhr ohne Deckel sanft köcheln. Backofen auf 200 °C vorheizen.

2. Buchweizen-, Mais-, Reis- und Pfeilwurzelmehl mit Backpulver und Salz vermischen. Den Ziegenkäse in kleine Stücke schneiden und mit den gehackten Haselnüssen behutsam unter die Mehlmischung heben.

3. Olivenöl (25 ml) mit Mandelmus glatt und cremig mixen. Zuerst die Eier, dann die Milch unterrühren. Mit den karamellisierten Zwiebeln zur Mehlmischung geben und den Teig mit einem Spatel grob verrühren, sodass Klümpchen bleiben. Die Mulden einer Muffinform (Ø 5,5 cm, Tiefe 3,5 cm) fetten und den Teig darin verteilen. Auf der mittleren Schiene 25–30 Minuten backen, gegen Ende der Backzeit eine Messerprobe durchführen (siehe Tipp auf Seite 48).

TIPP Das Pfeilwurzelmehl macht den Teig luftig und locker – und sorgt dafür, dass die Muffins besser aufgehen. Es lässt sich durch Mais- oder Kartoffelstärke ersetzen.

KAKAO-KOKOS-BLINI

Für ca. 8 Blini

Diese Blini (Buchweizenpfannkuchen aus Osteuropa) sind klein und dick, innen zart und außen knusprig. Statt Ei und Butter finden sich in dieser süßen Version Mandelmilch, Kokosöl und viel Kakao.

200 g geschälter Buchweizen
3 geh. EL Kakaopulver
50 g Vollrohrzucker
1 Prise Stein- oder Meersalz
1 Pck Backpulver
50 g natives Kokosöl
250 ml Mandelmilch
etwas natives Kokosöl zum Braten

1. Buchweizen anrösten und fein mahlen (siehe Seite 15). Mit Kakao, Zucker, Salz und Backpulver vermengen.

2. Kokosöl bei sanfter Hitze schmelzen und in die Mehlmischung einarbeiten. Mandelmilch zugießen, gut verrühren und den Teig ca. 30 Minuten ruhen lassen.

3. Etwas Kokosöl in einer Pfanne erhitzen und kleine Schöpflöffel voll Teig hineingeben. Die Blini von beiden Seiten bei mittlerer Hitzezufuhr jeweils eine bis zwei Minuten anbraten und dabei gleich wenden, sobald sich kleine Blasen auf der Oberfläche zeigen.

4. Mit dem restlichen Teig ebenso verfahren. Die Blini lauwarm servieren. In einer luftdichten Dose sind sie gekühlt bis zu 48 Stunden haltbar.

TIPPS Den Kakao durch Carob-Pulver, ein bis zwei Tropfen Süßorangenöl (siehe Seite 11) oder Schalenabrieb einer Bio-Orange ersetzen. Die Kakao-Blini schmecken gut mit Früchten nach Wahl, Schokoladensauce oder Kokossahne (dazu Kokosmilch über Nacht durchkühlen lassen, die oben abgesetzte Kokoscreme abnehmen und einige Minuten cremig mixen, dann kühl stellen). Für Blini mit Biss 1 EL geröstete Buchweizenkörner im Ganzen in den Teig einarbeiten.

NUSS-
COOKIES

Für ca. 12 Cookies

Angerösteter Buchweizen, Haselnüsse und Vollrohrzucker verleihen diesen Cookies einen feinen Hauch von Praliné. Auch mit Schokostückchen zu empfehlen!

75 g geschälter Buchweizen
75 g Haselnusskerne
80 g Vollrohrzucker
2 Prisen Vanillemark
1 Prise Stein- oder Meersalz
1 Ei
60 g weißes Mandelmus
30 ml natives Olivenöl

1. Den Backofen auf 200 °C vorheizen.

2. Den Buchweizen anrösten (siehe Seite 15) und mit den Haselnusskernen fein mahlen. In einer Schüssel mit Vollrohrzucker, Vanille und Salz vermischen.

3. Das Ei, Mandelmus und Olivenöl dazugeben und gut verrühren. Mit den Händen kleine Kugeln formen, vorsichtig flach drücken und auf ein mit Backpapier ausgelegtes Backblech legen. Etwa zwölf Minuten backen, bis die Ränder der Cookies leicht goldgelb sind.

4. Auf dem Blech abkühlen lassen. Die Nuss-Cookies sind etwa drei Tage in einer Metalldose haltbar.

 Für einen noch nussigeren Geschmack das Mandelmus durch Haselnussmus ersetzen. Statt dem Ei können Sie auch 1 EL gemahlene, mit 2 EL Wasser vermischte Leinsamen verwenden. Das Rezept gelingt auch mit ungeröstetem Buchweizen bzw. -mehl oder mit Buchweizenflocken – dann ist allerdings der Praliné-Geschmack weniger ausgeprägt.

BUCHWEIZEN-
KAFFEE-MADELEINES

Für ca. 12 Madeleines oder kleine Muffins

Ja – man kann sehr wohl »butterweiche« Madeleines ohne Butter und ohne Gluten backen! Diese aromatische Version mit Buchweizen, Kaffee und Mandelmus ist der Beweis.

50 ml Espresso (oder 50 ml Wasser, verrührt mit 2 TL löslichem
Kaffee)
40 g weißes Mandelmus
30 ml neutrales Olivenöl
2 Eier
50 g Vollrohrzucker
100 g Buchweizen, geröstet und
frisch gemahlen (siehe Seite 15)
½ Pck Backpulver
etwas Olivenöl für die Backform

1. Eine Madeleine- oder Muffinform fetten und in den Kühlschrank stellen. Den Espresso zuberei-ten, mit Mandelmus und Olivenöl verrühren. Die Eier mit dem Zucker schaumig hell rühren, mit Buchweizenmehl und Backpulver vermengen. Die Espressomischung zugießen und gut verrühren.

2. Den Teig auf die Mulden der Backform verteilen und für mindestens zwei Stunden in den Kühl-schrank stellen (siehe Tipps).

3. Den Backofen auf 240 °C vorheizen. Die Madelei-nes auf der mittleren Schiene einschieben, die Temperatur auf 210 °C verringern und zehn bis zwölf Minuten backen. Die Madeleines sollten goldbraun und noch ganz weich sein. Etwas ab-kühlen lassen und aus der Form nehmen.

 **TIPPS** Das Geheimnis gelungener Made-leines ist der Temperaturschock! Lassen Sie den Teig so lange wie möglich im Kühl-schrank stehen, am besten über Nacht – und hei-zen Sie Ihren Backofen gut vor.
Als Variationen lassen sich das Mandelmus durch Haselnussmus und der Kaffee durch Orangensaft ersetzen.

Clémence Catz hat ihre kleine Pariser Küche in eine Art »Biolabor« verwandelt. Dort entwickelt sie Rezepte für eine Reihe von Magazinen sowie für Hersteller von Bioprodukten und moderiert Kochshows in Paris. Sie hat ein Faible für alternative, verführerische Küchenrezepte, die teilweise bekannte Klassiker, aber in der Zusammensetzung neu, frisch und meist viel gesünder als ihre Vorbilder sind.

Mehr dazu teilt sie regelmäßig auf ihrem französischen Blog »Chez Clem«, den sie unter plaisirsante.canalblog.com seit 2005 betreibt.

REZEPTVERZEICHNIS

Zimtschnecken und Prinzessinnentorte
Glutenfreie Backrezepte und Küchentipps
von Smilla Luuk

Macarons, Cupcakes, Muffins oder Pizzaschnecken gibt's auch glutenfrei unkompliziert und lecker. Ein Buch mit bunten Rezeptideen für Partys für alle Teens, die mit Zöliakie, Glutenunverträglichkeit oder -sensitivität leben müssen.
80 Seiten, 43 Farbfotos, ISBN 978-3-7750-0667-5

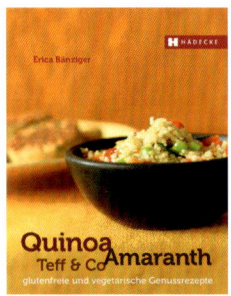

Quinoa, Amarant, Teff & Co.
glutenfreie und vegetarische Genussrezepte
von Erica Bänziger

Die kreativen Rezepte für Küche und Backstube mit den zukunftsweisenden Ur-Körnern verbinden Genuss mit vielen gesundheitlichen Vorteilen dieser Getreidealternativen. Ausgezeichnet mit der Silber-Medaille der GAD.
140 Seiten, 32 Farbfotos, ISBN 978-3-7750-0638-5

Keime & Sprossen
Köstliche Kraftpakete aus der Küche
von Valérie Cupillard

Knackig-frischer Genuss für eine neue, raffinierte Küche mit der Vielfalt aus Keimen und Sprossen: Schöne vegetarische Rezepte mit Varianten für die vegane Ernährung und Infos zum nötigen Know-how beim Selberziehen.
120 Seiten, 121 Farbfotos, ISBN 978-3-7750-0484-8

HÄDECKE

Weitere Informationen über unsere Bücher gibt es unverbindlich und kostenlos bei:
Hädecke Verlag GmbH & Co. KG | Postfach 1203 | 71256 Weil der Stadt | Deutschland
Telefon +49 (0) 70 33 / 13 80 80 | Fax +49 (0) 70 33 / 138 08 13
E-Mail info@haedecke-verlag.de